Ulrich Schaffer
mit Waltraud Schaffer

Im Zeichen Krebs

Der Weg der Treue

Ulrich Schaffer

mit Waltraud Schaffer

Im Zeichen Krebs

Der Weg der Treue

HERDER

FREIBURG · BASEL · WIEN

Der Weg der Treue

Wer von uns hat nicht den Wunsch nach Vertrautem, wenn wir uns in der Welt fremd und nicht geborgen fühlen? Geborgenheit gehört zu den Grundbedürfnissen des Menschen. Wir sehen es schon beim kleinen Kind, das zu seiner Mutter flieht, wenn ihm etwas scheinbar Bedrohliches begegnet. Die Regungen, zu schützen und geschützt zu werden, begleiten den Weg der Treue. Hier möchte man sich in der Welt eine Heimat schaffen und einen Ort finden, an dem man von dem, was man kennt, umgeben ist. Man will dazugehören und nicht in Frage gestellt werden. Der Mensch auf dem Weg der Treue setzt der Unsicherheit und der Vorläufigkeit, die es in der Welt so viel gibt, etwas Festes und Verlässliches entgegen.

Es kommt auf den Menschen an, der diesen Weg geht, ob daraus etwas wird, das das Leben fördert oder es behindert. Der Weg der Treue wird von besonders empfindsamen Menschen gegangen, und er kann aus Schwäche oder aus Stärke gewählt werden. Für ihre starken Gefühle wünschen diese empfindsamen Menschen etwas Festes und Vertrautes. Der Mensch auf dem Weg der Treue kann sich fühlen wie der Krebs, der in seinem Wachstumsprozess mehrmals ganz seine Schale verliert, und nackt und verletzbar ist.

Eine Gefahr bedeutet dieser Weg, wenn die Treue sich eng und klein gestaltet und keine Weite hat. Ein Mensch mag nur seiner Familie zugewandt sein und dadurch unfähig werden, andere Kontakte aufzunehmen. Treue kann auch zu einem Gefängnis werden, wenn sie unreif gefordert oder unreif geschenkt wird.

Das Ziel des Weges

Für dich mit deiner großen Empfindsamkeit,
ist die Welt ein bedrohlicher Ort.
Alles trifft dich in der Mitte, wo du verletzbar bist.
Darum willst du schützen und beschützt werden.
Du brauchst das Empfinden, nicht ausgesetzt zu sein.
Nur so kannst du leben.

Langsam wächst du aus dem Schutz,
den du selbst brauchtest, als du Kind warst,
in das Leben eines Schutzspendenden hinein,
der andere nährt, pflegt und betreut.
Immer mehr kannst du das geben,
was du selbst brauchst.
Es ist dein Ziel, Leben zu erhalten
und ihm eine Chance zum Blühen zu geben.

Über allem ist es dir wichtig, dem zugewandt zu bleiben,
was du dir einmal vertraut gemacht hast
und was dir Vertrauen schenkt.
Das ist deine nie endende Treue.
Das ist deine verlässliche Mitte,
um die sich alles dreht.

babyGap

Was du spürst

Du spürst, wie eine tiefe, umfassende Lebensenergie
dich von oben bis unten durchflutet.
Du bist die Erhaltung des Lebens selbst.
Dein Inneres ist ein Heim,
in das du die Welt aufnehmen kannst.
Dort ist immer Platz für die Ungeschützten.
Du schickst niemanden fort.

Wenn du die Not der Welt siehst, möchtest du noch mehr tun –
du kannst deine Arme nicht weit genug ausbreiten,
alle sollen bei dir Aufnahme finden.

Dabei spürst du aber auch, wie zerbrechlich du bist.
Deine Empfindsamkeit ist ein zweischneidiges Schwert.
Einerseits lässt sie dich mitfühlen,
so dass du Schutz geben kannst,
und andererseits lässt sie dich leiden,
wenn du nicht geborgen bist und tief fühlst,
dass niemand dir Geborgenheit geben kann.

Die Energie von der du zehrst

Du bist mit einer besonderen Energie begabt.
Sie ist dir wie eine Gnade geschenkt worden,
die in dein Leben fließt und es stark macht.
Es ist dieses Geschenk der Treue,
das du dein Leben lang weitergibst,
ohne viel zu fragen und ohne eine Gegenleistung zu erwarten.
So, wie du dich geborgen weißt,
so schenkst du Geborgenheit.
Und so, wie du Geborgenheit schenkst,
so weißt du dich geborgen.

Es gibt einen Kern in dir,
der nicht unter dem Ansturm des Lebens zerbricht.
Dorthin willst du die Menschen nehmen, denen du dich zuwendest.
Sie sollen versorgt werden.
Ihre Bedürftigkeit macht dich stark.

Deine Liebe, die nie aufhört,
und für die du dich nicht neu entscheiden musst,
ist eine Quelle der Kraft, aus der du zehren kannst.
Mit deiner Aufgabe wächst Energie.
Wenn du müde und schwach wirst,
erinnerst du dich an die, die dich brauchen,
und machst weiter.

Wie du dich selbst erlebst

Du erlebst dich als empfindsam.
Es ist, als wenn nichts an dir vorbeiwehen könnte,
ohne dich zu betreffen.
Alles wirkt auf dich ein.
Du bist ein Ei ohne Schale, ein Krebs ohne Panzer.
Da hast du das Bedürfnis,
dir eine Schale wachsen zu lassen,
dir einen Panzer zuzulegen.

Du erlebst dich als fürsorglich.
Du gibst, hältst dich nicht zurück
und verschenkst deine Zuwendung bedingungslos.
Wer dich kennt, fühlt sich bei dir geborgen.
Ebenso suchst du nach Geborgenheit.
Du brauchst Menschen, die dich tragen,
bei denen du ruhen kannst.

Zuweilen verfällst du in Sprachlosigkeit,
als gäbe es keine Worte für deinen Zustand.
Noch kannst du nicht ansehen, was sich in dir tut.
Noch bist du hilflos.
So bist du mal Kind, mal Erwachsener,
bist schwach und bist stark,
lebst mal bewusst, mal unbewusst.

Du und die anderen

„Blut ist dicker als Wasser“, hat dir jemand gesagt,
und du spürst, was gemeint ist.
Deine Familie ist dir näher und wichtiger
als alle anderen Menschen.
Du kannst dich auf sie zurückziehen und entspannen.
So kommt es, dass deine Freunde
manchmal keine Chance haben gegen deine Familie
und enttäuscht sind von dir.
So wie du reifst, wirst du mehr und mehr merken,
dass die Treue niemanden ausschließen muss.

Du lebst in der Sicherheit von Rollen,
in denen klar ist, was jeder beiträgt.
Es kann dich befremden, wenn alle gleich sind
und nicht in Rollen leben.
Dann weißt du nicht, wie wer zu wem steht
und was von dir erwartet wird.

Am liebsten ist dir ein Gefälle, das mal in die eine
und dann in die andere Richtung geht.
Du bist stark oder schwach, je nachdem, wem du begegnest.
Du schützt oder hoffst auf Schutz.
Das ist deine Umgangsform mit anderen.

BOULDER
GEAR

Woran du leidest

Überstark sind manchmal deine Gefühle.
Du kennst keine Zuflucht vor ihnen.
So kann aus deiner Empfindsamkeit
leicht Empfindlichkeit werden.
Du leidest an der Härte der Welt und an deiner eigenen Bedürftigkeit.

Wenn dir nichts anvertraut ist
und niemand deine Geborgenheit braucht, dann leidest du.
Es ist, als wäre dir dein Lebensinhalt genommen.
Du hast Mühe, wenn diejenigen selbstständig werden,
die dir einmal anbefohlen waren.
Ebenso leidest du,
wenn du nicht Kind sein darfst und erwachsen sein musst.
Auch in deiner Mutterrolle kannst du noch in Abhängigkeit leben,
wenn du dafür sorgst, gebraucht zu werden.
Erst wenn du beide Rollen ablegst, wirst du erwachsen.

Ein Bruch mit der Vergangenheit ist für dich schmerzhaft.
Du hast sie festgehalten, bist ihr treu gewesen
und wolltest sie nicht verlassen.
Aber irgendwann übernimmt die Gegenwart,
und du musst das loslassen, was vorbei ist.

Du leidest an der Distanziertheit anderer.
Sie sehen die Welt nicht durch ihre Gefühle,
sind sachlich und können dich nicht verstehen.
Sie brauchen deine Zuwendung nicht so, wie du sie zu geben wünschst.

Vermeide was dich herabzieht

Du hältst gern etwas fest:
ein Erlebnis, eine Erinnerung, einen Menschen.
Das ist Ausdruck deiner Treue.
Aber wenn du zu lange festhältst, verhinderst du Wachstum.
Vermeide es, Freunde mit dem Maß deiner Familie zu messen.
Deine Familie würde zu leicht siegen.
Jeder Mensch hat das Recht,
für sein Wesen geschätzt zu werden,
nicht nur für seine Zugehörigkeit.

Wenn du die Vergangenheit verehrst,
läufst du Gefahr, blind zu sein für die Gegenwart.
Jede Zeit hat ihr Glück und ihre Herausforderung.

Vermeide es, Menschen immer in einem Gefälle zu dir zu sehen.
Vielleicht ist es nicht wichtig, ob sie über dir oder unter dir stehen.
Es ist ein tiefes Glück, sich auf einer Ebene in die Augen sehen zu können.

Um zu einem reifen Selbst geboren zu werden, musst du bewusst werden.
Wo deine Toleranz eine Furcht vor der Stellungnahme ist,
musst du lernen, einen festen Standpunkt zu beziehen.
Wo dir der Mut fehlt, eine andere Meinung zu haben,
ist dein Verständnis nicht viel wert.
Du denkst an den anderen,
gerade da, wo du Abstand zum Du üben solltest.
Bleibe nicht ewig ein Kind, das zurück in den Mutterleib will.
Werde bewusst.

Wenn du liebst

Wenn du liebst, dann mit Haut und Haaren.
Zu lieben ist deine Herzenssehnsucht.
Du bist aufgehoben in den Gefühlen des geliebten Menschen
und umschließt den anderen mit deiner Wärme.
Es entsteht ein Fluss zwischen euch:
Du empfängst und gibst in einer Bewegung.
Dein Körper folgt gern deiner Seele.
Er gibt sich hinein in das Abenteuer der Liebe
und du hältst nichts zurück.
Du gehst der Weisheit deines Körpers nach.
Liebe ist für dich immer Nähe.

Oft fällt es dir schwer zu wissen, was du fühlst,
weil es dir wichtiger sein kann,
dich selbst zu schützen und zu verstecken, als dich zu zeigen.
Du machst dich unverletzbar und verhinderst dadurch Liebe.

Deine Liebe gerät in Probleme,
weil du Konfrontation um fast jeden Preis vermeidest.
Schon ein direktes Wort kann die Schutzlosigkeit auslösen.

Nur zu leicht lebst du auch in der Liebe eine Rolle.
Weil jemand dich braucht, meinst du zu lieben,
doch irgendwann fühlst du dich ausgenutzt.
Reife Liebe führt immer zu Unabhängigkeit
und gedeiht nur in Gleichheit.

Gott auf deinem Weg

Gott ist dir Mutter und Vater,
vielleicht mehr Mutter
in ihrer umfassenden Fürsorglichkeit.
Gott ist deine Heimat,
er ist die Geborgenheit selbst.
Gott ist dir Familie.

Du musst dir nicht selbst helfen, damit Gott dir hilft.
Er neigt sich dir zu und hebt dich auf,
wenn du verängstigt und verletzt bist.
Nichts ist ihm wichtiger, als sich dir zuzuwenden,
das ist das Herz seines Wesens.

Kindlich gläubig darfst du vor ihn treten.
Er lädt alle, die mühselig und beladen sind, ein
und gibt ihnen Ruhe.
Gott ist immer gnädig und tut niemanden ab.
Er heilt dich mit seiner Sanftmut,
er opfert sich für dein Wohl.
Durch ihn hast du einen Platz im Universum.

Enttäuschungen sind unvermeidbar

Nie sind wir in der Welt so sicher,
wie wir hoffen zu sein.
Immer wieder gibt es etwas,
was uns beängstigt:
der Verlust von Freunden, die Krankheit eines Kindes,
Streit in der Familie, Trennung von Vertrautem.
Durch deine Empfindsamkeit bist du leicht enttäuscht.
Du kannst dich nicht schützen.

Du kannst andere nicht zu Dank und Nähe verpflichten.
Irgendwann werden sie gut ohne dich leben können,
und du wirst ihnen nicht mehr das bedeuten,
was du ihnen am liebsten immer bedeuten wolltest.
Du kannst nichts auf immer festhalten.

Du neigst dazu, die Tradition hochzuhalten.
Wenn du nicht genau untersuchst, was du unterstützt,
und noch förderst, was eigentlich für dich leer geworden ist,
dann kann dich die Leere plötzlich überraschen und tief enttäuschen.

Selten wird die Treue, die du anderen entgegenbringst,
von ihnen im gleichen Maße erwidert werden.
Sie sind nicht auf dem Weg der Treue,
nicht in der Ausschließlichkeit, wie du es bist.
An ihnen leidest du, aber du wächst auch durch sie.

Die größere Familie

Als sie ihre Familie und ihre Heimat verließ, nahm sie diese in ihrem Herzen mit. Es verging kein Tag, an dem sie das, was sie liebte, nicht in ihrer Erinnerung wachrief. Sie zehrte davon. Tief war die Liebe zu ihrer Familie, und der Schutz dieser Verbindung reichte bis zu ihr in dem fremden Land. Schutzlos in der Welt wusste sie, dass sie bei ihren Eltern und Geschwistern immer eine Heimat haben würde. Sie schrieb viele Briefe, stellte Bilder von zu Hause auf und malte innere Bilder von dem, was sie hinter sich gelassen hatte. Zu Hause trug man sie wie einen Schatz in der Erinnerung. Mutter und Vater, Bruder und Schwester riefen sie in sich wach, sandten ihr gute Gedanken und sprachen viel über sie. So blieben sie auch über die große Entfernung noch eine Familie, die eng zusammenstand. Die Mutter, die nichts so liebte, wie Mutter zu sein, schickte der Tochter manchen Ratschlag. Manchmal flossen Tränen, wenn die Sehnsucht zu groß war.

Nach einiger Zeit begann die Tochter in der Femde zu spüren, dass sie das neue Land und die fremden Menschen nicht wirklich wahrnahm. Sie verglich alles mit zu Hause, und ihre Sehnsucht nach dem, was sie verlassen hatte, wuchs noch mehr. Die Menschen um sie verblassten, und sie konnte auf die Umstände ihres Lebens nicht von ganzem Herzen reagieren. Die Andersartigkeit der neuen Welt beängstigte sie, und manchmal ging sie in ihr Zimmer, schloss die Tür und wünschte nur noch, in die heile Welt ihrer Kindheit zu fliehen. Sie erinnerte sich an tausend Dinge aus ihrer Jugend und verlor die Freude an der Gegenwart. Und zu Hause litt die Mutter unter ihrer Abwesenheit, und die Schwester spürte eine Einsamkeit, die sie nicht überwinden konnte. Es war, als würde die Liebe, die sie füreinander spürten, ihnen ihre Lebensfähigkeit nehmen.
Eines Tages traf die Tochter einen Mann, der nichts besaß als nur die Matte, auf der er jede Nacht schlief. Als sie ihm Schutz anbieten wollte, in dem Heim, in dem sie arbeitete, da wehrte er ab und erzählte ihr

davon, wie reich er gewesen sei, und wie er alles losgelassen hatte. Er zeigte ihr einen Palast, der ihm einmal gehört hatte. Erst glaubte sie ihm nicht, dann aber spürte sie, dass er die Wahrheit sprach und es einen tieferen Sinn hatte, dass sie gerade ihn jetzt traf. Er redete nicht viel, aber wenn er sprach, dann nahm sie jedes seiner Worte wie eine große Kostbarkeit auf. „Ich wurde von dem gefangen gehalten, was ich besaß und schützen musste", sagte er. Da begann sich etwas in ihr zu lösen. Es war ihr, als würde langsam und mit unendlicher Geduld ein fester Knoten in ihr gelockert. Mit der Zeit schrieb sie seltener nach Hause und mit Verwunderung erlebte sie, wie sie wochenlang nicht an ihre Familie dachte, ohne dabei Schuldgefühle zu empfinden.

Während der Knoten sich lockerte, lernte sie das neue Land und seine Menschen lieben. Immer weniger hatte sie das Bedürfnis, gebraucht zu werden. Sie verließ die Arbeitsstelle im Heim und fand eine neue Arbeit. Aus Fremden wurden Freunde, und aus Freunden wurden enge Freunde. Dabei bekam sie einen neuen Blick für ihre Familie. Sie sah ihr Glück, diese Familie zu haben, aber ihr Herz konnte und wollte nicht nur ihre Geliebten zu Hause aufnehmen. Ihre Liebe breitete sich aus, und in ihrem Herzen wurde Platz für alle die, die früher keinen Platz gefunden hatten. Mit jeder weiteren Öffnung ihres Herzens verließ sie der Wunsch, selbst geschützt zu werden. Sie gab sich selbst Schutz und genoss es, unabhängig zu sein. Mehr und mehr begriff sie, wie Nähe und Distanz zu jedem Menschen in ihren eigenen Händen lagen.

Gleichzeitig wuchs ihre Fähigkeit, Menschen loszulassen, und daraus entstand eine Nähe zum anderen, die sie nie für möglich gehalten hätte. Ihr Freund von der Straße sagte eines Tages zu ihr: „An deinem Lächeln und an deinen entspannten Händen sehe ich, dass du losgelassen hast." Und sie wusste genau, was er meinte. Sie hatte jetzt nicht mehr den Wunsch, unbedingt nach Hause zu reisen. Sie war frei, ohne die Liebe zu ihrer Familie verloren zu haben. Als sie nach Jahren ihre Familie wieder sah, da war es ein wunderbares Wiedersehen, aber sie merkte auch, dass sie in dem fernen Land eine neue Familie gefunden hatte und dass sie überall auf der Welt und in vielen Herzen zu Hause sein konnte.

Was du von Natur aus bist

Von Natur aus empfindest du tief,
bist du sehr verletzbar und suchst dich zu schützen,
kannst du übervorsichtig sein,
bist du kinderlieb
und bei Kindern beliebt,
suchst du ständig nach einem Heim,
wünschst du dir eine Heimat,
ist auf dich Verlass,
bist du fürsorglich und hoffst auf Fürsorge,
kannst du zur Melancholie neigen,
ist dir deine Familie sehr wichtig,
neigst du dazu, deine Freunde festzuhalten,
fliehst du manchmal aus der Wirklichkeit in deine Fantasiewelt,
kannst du leicht gekränkt sein,
hast du Mühe, das loszulassen, was du liebst,
bist du tief verwurzelt im Gewesenen und hältst deine Vergangenheit fest,
bist du sparsam,
hörst du Kritik nicht gern,
hast du ein gut entwickeltes Mitgefühl,
zeichnet dich eine vertrauende Kindlichkeit aus,
kannst du dich auf ungute Weise abhängig von anderen machen,
musst du darauf achten, nicht selbstmitleidig zu sein,
bist du aufmerksam und hilfsbereit,
kannst du launisch sein,
gibt es eine Seite in dir, die Kind bleiben möchte,
hast du ein starkes Durchhaltevermögen.

Was dich glücklich macht

Du genießt es,
Hilfe zu leisten, zu bemuttern,
Wünsche von den Augen abzulesen,
aufmerksam und gastfreundlich zu sein.
Du ruhst in dem, was du für andere tust,
und sie ruhen in dir.

Du erfreust dich an einer guten Atmosphäre,
an Ordnung und Sauberkeit um dich.
Du genießt es, dich mit einem gemütlichen Heim zu umgeben,
in dem du das Leben förderst und erhältst.

Du bist glücklich über jeden Ausdruck anhaltender Treue:
über beständige Freundschaften,
über die Erinnerung anderer an dich,
über Versöhnungen und Wiedergutmachungen,
über Kinder, die ihre Eltern auch im Alter noch lieben,
über Menschen, die auf deine Verletzlichkeit Rücksicht nehmen.

Es macht dich glücklich,
eine Reise in die Vergangenheit zu unternehmen
und deine Wurzeln zu entdecken,
weil du gern eingebettet bist in das, was vor dir da war.
Wichtig ist dir dazuzugehören.

Yvonne Nicole
qui l'habiteront

Wenn es schwer wird

Dein Leben lang hast du an deiner Familie gehangen.
Dort warst du zu Hause und hast dich wohl gefühlt.
Aber irgendwann löst die enge Gemeinschaft sich auf:
Die Kinder gehen aus dem Haus,
so wie du einmal dein Elternhaus verlassen hast,
du wirst in deiner Rolle nicht mehr benötigt,
und es fällt dir nicht leicht,
dich nach einem neuen Lebensinhalt umzusehen.

Deine starke Fantasie macht es schwer für dich,
wenn du an Krankheit und Leid denkst.
Sie werden mit jedem Gedanken größer und bedrohlicher.
Da kannst du leicht in Trauer und Schwermut verfallen.
Es ist für dich wichtig, das Schwere mit anderen zu teilen
und es nicht allein zu tragen.

Für dich in deiner Empfindsamkeit
ist es schwer, dass es nicht in deiner Hand liegt, wie andere dir begegnen.
Du kannst über die Menschen, die dir nah sind, nicht bestimmen,
auch wenn du es immer wieder versuchst.
Wenn du auch Groll darüber spürst,
so hilft es doch nichts, andere für ihre Freiheit zu bestrafen.
Du treibst sie dann nur fort von dir.
Wage es, dich ihnen auszusetzen
und von ihrer Freiheit und Sachlichkeit zu lernen.
Es ist deine Chance, zu wachsen und nicht Kind zu bleiben.

Das Besondere deines Weges

Was dich mehr als alles andere auszeichnet,
sind Beständigkeit und Treue.
Du gibst nicht auf und hältst durch.
Was du anpackst, führst du zu Ende.
Wo du einmal liebst,
hörst du nicht mehr auf zu lieben.
Jede deiner Beziehungen
lebt ein Leben lang weiter in dir.
Der Vergangenheit bist du treu.
Du hältst sie wie eine Kostbarkeit in deinem Sinn.
Deine Wurzeln reichen tief.

Zu dieser Einstellung passt deine besondere Gabe der Erinnerung.
Du speicherst eine ganze Welt in dir:
Daten, Bilder, Erlebnisse, Namen, Erkenntnisse.
Du bewegst das Gespeicherte in deinem Herzen
und gibst ihm immer wieder neues Leben durch deine Fantasie.
Etwas zu erhalten gewinnt in dir neue Bedeutung.
Es gibt doch etwas im Leben, was beständig ist.
Du selbst bist der beste Beweis dafür.

Eine große Herausforderung

Du bestehst aus einer Anzahl seltsamer Widersprüche.
Du kannst bärenstark sein,
und im nächsten Moment bist du
hilflos schwach wie ein Kind.
Mal willst du weit weg reisen,
als hättest du ein unstillbares Fernweh,
und dann wieder willst du nichts so gern,
wie gerade da zu bleiben, wo du bist.
Du kannst offen und direkt sein,
und ehe man sich versieht, bist du zurückgezogen und verschlossen.

Vielleicht will durch all die Gegensätze
eine Wirklichkeit von ganz tief in dir nach oben kommen.
Vielleicht gilt es zu entdecken,
dass nur, was du dir selbst gibst und nicht von anderen erwartest,
wirklich das ist, was du besitzt.
Darum ist es die größte Herausforderung deines Lebens,
diese Gegensätze nicht zu unterdrücken,
aber die Beziehung zwischen ihnen besser zu verstehen
und sie in einem Akt des Reifens zu verbinden.

So wirst du feststellen können,
ob du für etwas bist,
oder vor etwas fliehst.
Das eine gibt dir Kraft,
das andere raubt sie dir.

Sei achtsam

Beobachte, ob du
in deiner Kindlichkeit kindisch wirst.
Es ist leicht, auf einer Stufe
stehen zu bleiben und nicht weiter zu wachsen.
Was an uns eine Zeit lang anziehend war,
wirkt irgendwann komisch, wenn wir nicht reifen.

Überfordere deine Mitmenschen nicht mit deinen emotionalen Problemen.
Wenn viel für dich getan wird, fordere nicht noch mehr.
Und wenn die anderen dir das nicht geben, was du wünschst,
dann falle nicht in ein dunkles Loch.
Gib den Kontakt zu den anderen nicht auf.

Sei dir nicht so sicher, wie andere dich sehen.
Sei aufmerksam, wenn sie über dich und deine Reaktionen reden möchten.
Wenn du schweigst, als wolltest du sie bestrafen,
macht das eine Lösung unmöglich,
und aus deiner Bestrafung wird Zerstörung.

Achte darauf, dass du in deiner bewahrenden Haltung
das nicht erdrückst, was du bewahren willst.
Lass dir deine Haltung nicht wichtiger sein
als der Mensch, für den du sie einnimmst.
Gebrauche Krankheit nicht als Fluchtweg,
um wieder versorgt zu werden, wie du es als Kind warst.
Du verschiebst nur die Begegnung mit dem Leben,
die beängstigend, aber auch beglückend ist.

Die reife Form deines Weges

Es gibt eine Zeit im Leben,
da müssen wir bewusst werden,
um das zu lernen,
was uns fremd und unbehaglich ist,
sonst wird unsere Begabung zu einer Falle.

Wenn du deine eigene Lebensangst erfährst,
wirst du die Ängste anderer verstehen,
aber nicht mit ihnen untergehen oder sie nur bemuttern.
Du wirst ihnen helfen, sich selbst zu helfen.
Eine andere Geborgenheit entsteht, wenn Menschen sich selbst bewahren
und dich dazu nicht mehr brauchen.
Das ist die Hilfe, die tiefer reicht und ein Leben lang anhält.

Du wirst mutig die Konsequenzen deiner Taten annehmen
und nicht ausweichen.
Du wirst fest auftreten, auch wenn du dadurch Nähe einbüßt.
Du wirst dich auch dann noch geliebt wissen,
wenn du eine andere Meinung hast als die Menschen, die du liebst.
Und erstaunlicherweise wirst du zeitweilig sogar ohne Nähe leben können.

Im Reifen ist es deine Aufgabe, so alt zu sein, wie du bist.
Du hast dein Alter nicht so genau ansehen wollen,
es sogar geleugnet und vielleicht versucht, jung zu wirken,
als käme mit der Annahme deines Alters ein Unheil auf dich zu.
Nimm es an, es ist das „Unheil" und das Glück des Reifens.

Die Geschenke deines Weges

Du hast immer wieder über die Belastbarkeit deiner Treue gestaunt.
Unter ihrem Schutz hast du ein Leben lang wachsen können,
wie ein Baum im Windschatten eines Berges.
Reich bist du geworden,
weil viele Menschen sich dir anvertraut haben.
Sie haben gespürt, wie tief deine Wurzeln gehen,
sie haben im Schatten deiner Krone ausruhen können,
und du hast darin den Sinn deines Lebens gefunden.

Dein Weg hat dich beschenkt
mit der Fähigkeit durchzuhalten,
weil du weißt, was auf dem Spiel steht.
Wo du dich früher in deine sichere Schale zurückgezogen hast,
da hast du inzwischen gelernt, mutig aus einer inneren Stärke zu leben,
so dass du deinen Panzer ablegen kannst:
Du bist jetzt widerstandsfähig und doch weich.
So ist die ganze Welt deine Heimat geworden,
nicht nur der kleine Raum in deiner Schale.

Deine Empfindsamkeit ist dir im Laufe deines Lebens
mehr und mehr zu einem Geschenk geworden.
Deine wachen Gefühle haben dir
eine Vielzahl an Wahrnehmungen gebracht.
So war die Welt immer bunt,
auch wenn dein Weg manchmal schwer war.
Jetzt kannst du das Süße mit dem Herben loben.

Wachse über dich selbst hinaus

Es geht nicht nur um dich,
sondern um die ganze Erde.
Mit mütterlichen Gefühlen
breitest du deine Arme über sie,
so wie sie ihre Arme um dich legt.
Du wirst immer mehr verstehen,
dass, wenn du einen Menschen bewahrst,
nährst und erhältst,
du beteiligt bist an allem, was die Welt erhält.
Das ist dein Beitrag.
Du fügst der Welt eine Dimension zu,
ohne die sie nicht bestehen würde.
Dabei ist deine Handlung viel mehr
als die Beruhigung deiner Lebensängste
und die Stillung deiner persönlichen Wünsche.

Du wirst spüren und mehr noch erahnen,
dass Treue ein Teil des Alphabets der Welt ist,
und dass es keine echte Sprache gibt, keinen Herzensausdruck,
keine tiefe Überlieferung und Verständigung ohne diese Treue.
Die Welt braucht dich und die Beständigkeit deines Weges.

So wird aus dem Schutzbedürftigen ein Baustein der mystischen Welt,
aus dem Schützenden ein Buchstabe der Zukunft,
und aus dem, was aus Treue losgelassen wurde, eine neue Welt.

Zu den Bildern

Die Bilder in dieser Buchserie haben zum Teil einen anderen Zweck als sonst in meinen Büchern. Sie sollen nicht nur eine Meditationshilfe sein, sondern sie sollen in den meisten Fällen die Energie eines Weges verkörpern. Mit diesem Gedanken haben wir sie ausgesucht.

Jeder dieser Wege findet in der äußeren Welt, in den Dingen, die uns umgeben, seinen Ausdruck. Die Dinge der Welt haben ihre eigene Energie. Der Weg der Kraft findet seinen Ausdruck im Strahlen der Sonne, im Bild des Löwen als König der Tiere, im Leuchten einer Sonnenblume. Der Weg der Balance findet seinen Ausdruck in der Geradlinigkeit des Horizonts, der alles auszugleichen scheint, in der Ausgewogenheit der Anordnung einer Blumenblüte. Wir haben versucht, bei der Auswahl der Bilder innerhalb der Energie eines jeden Weges zu bleiben, so wie wir den Weg verstehen, um den Band stimmig zu halten. Oft sind die Entsprechungen zwischen außen und innen geheimnisvoll, und man muss lernen, sie zu sehen und sich in sie einzudenken.

Die Energie des Weges der Treue wird durch Bilder, die Geborgenheit und Vertrautes ausdrücken, am Besten erfasst: ein altes Haus, die Gemütlichkeit bei Kerzenlicht, der Schutz, den eine Mutter ihrem Kind gibt. Es ist die Energie, in der wir uns aufgehoben wissen, weil sie uns ganz tief an unsere innere Heimat erinnert, ganz gleich, ob diese für uns an einem Ort, in der Nähe eines Menschen oder in einem vertrauten Gedanken zu finden ist.

Umschlag: Haus in Ahrenshoop, Fischland, Mecklenburg-Vorpommern.

4	Unter dem Schutz einer Windbuche, auf dem Schauinsland bei Freiburg im Breisgau.
7	Mutter und Kind, Gibsons, British Columbia, Kanada.
9	Fenster in Wewelsfleth, Schleswig-Holstein.
11	Durchtränktes Land.
13	Aufgehender Mond über Keats Island, British Columbia, Kanada.
15	Familie.
17	Ruderboot, Langsee, Schleswig-Holstein.
18/19	Im Canyon des Virgin River, Zion National Park, Utah, USA.
21	Im Regenwald von British Columbia, Kanada.
23	Liebespaar, Vancouver, British Columbia, Kanada.
25	Mexikanische Weihnachtskrippe.
27	Junge Frau hinter der Tür eines Bauernhauses in Fischerhude, Niedersachsen.
33	Bei Kerzenlicht.
35	Chalet in les Diablerets, Schweiz.
37	Verfallener Park bei Trier, Rheinland-Pfalz.
39	Wurzelwerk einer alten Buche bei Todtnau, Schwarzwald.
41	Mann und Kind am Strand, Sechelt, British Columbia, Kanada.
43	Palme mit erdrückender Blumenpracht.
44/45	Bauernhäuser in Niedersachsen.
47	Teil der Saarschleife bei Orscholz, Saarland.
49	Quilt von Louise Harris, Sedro Woolley, Washington, USA.
51	Serpentinen in den Alpen.

Die zwölf Wege des Menschen

Jeder von uns hat in seiner Einmaligkeit seinen ganz eigenen Weg. Die Unterteilung in zwölf Wege gibt es in unterschiedlichen Formen schon lange. Für den Weg werden unterschiedliche Namen gebraucht, je nachdem, ob man sich mit Psychologie, Philosophie, Astrologie oder Theologie beschäftigt. Auch die Kultur und die Zeit bestimmen die Beschreibungen dieser Wege. Das Alte Testament, die Weisheitsschriften Laotses, die moderne Analyse C. G. Jungs oder das jahrhundertealte Enneagramm können uns unseren Weg weisen, so auch die Tierkreiszeichen. Es geht immer um uns und unsere Art, das Leben anzugehen. Die alte Weisheit der Astrologie beschreibt Energien, die in unserem Leben wirken. Unser ganzes Leben lang lernen wir, sie zu entdecken, mit ihnen umzugehen und sie zu bejahen.

Jeder Mensch sucht sich selbst zu verstehen, seine Ziele, den Ursprung seiner inneren Kräfte, seine Gottesbilder, seine Stärken und Schwächen. Wir wollen sie akzeptieren oder sie durch Bewusstwerdung auf dem Weg in eine größere Reife überwinden.

Niemand lebt nur auf einem Weg. Jeder von uns trägt Elemente aller Wege in sich, und es ist wertvoll, auch diese zu verstehen und damit auch den Weg unseres Partners, unserer Freunde und Familienmitglieder zu erspüren. Je mehr wir sie verstehen, desto besser können wir miteinander umgehen.

Ich, Waltraud, habe den Weg der Balance als meinen Weg erkannt, weiß aber auch um die Wichtigkeit der anderen Wege in meinem Leben. Ich, Ulrich, habe den Weg der Begeisterung als den wichtigsten Weg in meinem Leben erkannt, spüre aber auch, wie bedeutend die anderen Wege sind.

Waltraud und Ulrich Schaffer stammen beide aus Deutschland und leben seit vielen Jahren in British Columbia in Kanada. Ulrich Schaffer ist als Schriftsteller und Fotograf bekannt für seine Text- und Bildbände mit Naturfotos, die inzwischen eine Gesamtauflage von über fünf Millionen erreicht haben. Waltraud Schaffer hat sich schon seit vielen Jahren mit Astrologie beschäftigt. Für diese Buchreihe haben beide ihre Ideen und Fähigkeiten vereint, um die zwölf Wege des Menschen in ihren unterschiedlichen Energien zu beschreiben.

ulrich schaffer Waltraud Schaffer

Alle zwölf Wege des Menschen

– in gleicher Ausstattung erschienen –

Im Zeichen Widder Der Weg des Aufbruchs
Im Zeichen Stier Der Weg der Lebensfreude
Im Zeichen Zwilling Der Weg der Leichtigkeit
Im Zeichen Krebs Der Weg der Treue
Im Zeichen Löwe Der Weg der Kraft
Im Zeichen Jungfrau Der Weg der Klarheit
Im Zeichen Waage Der Weg der Balance
Im Zeichen Skorpion Der Weg der Lebenstiefe
Im Zeichen Schütze Der Weg der Begeisterung
Im Zeichen Steinbock Der Weg des Erfolgs
Im Zeichen Wassermann Der Weg der Freiheit
Im Zeichen Fische Der Weg des Mitgefühls

www.herder.de
Texte, Fotos, Layout: Ulrich Schaffer
Autorenfoto: Zilya Schaffer
Satz und Repro: Reprographia MEDIENHAUS-LAHR
Druck und Bindung: EuroGrafica S.p.A., Marano-Vicenza 2004
Gedruckt auf umweltfreundlichem, chlorfrei gebleichtem Papier
ISBN 3-451-28294-1